Vinayre - Quinet - Musset

144

EDGAR QUINET
ET
ALFRED DE MUSSET
ENFANTS

BIBLIOTHÈQUE DES PETITS

EDGAR QUINET
ET
ALFRED DE MUSSET
ENFANTS

PAR

V. TINAYRE

PARIS
KÉVA & Cie, ÉDITEURS
7, RUE BERTHOLLET, 7

1880-1881

TABLE DES MATIÈRES

FIN DE LA TABLE

Imp. de DESTENAY, à Saint-Amand.

AUX MÈRES

CAUSERIE SUR L'ÉDUCATION

I

Dans cette série de petits livres, adressés aux enfants, permettez-moi, jeunes mères, d'établir entre nous un échange d'idées, la communication de faits intéressant nos chers petits, une correspondance enfin, d'où peuvent sortir d'importantes indications dans l'art d'élever les hommes.

ÉLEVER LES HOMMES ! Voilà la véritable destinée de la femme ; sa mission dans l'humanité ; si elle la remplit bien, cette mission, elle travaille à son élévation personnelle et au bonheur général. Elever nos enfants voilà donc la grande affaire, celle pour laquelle nous n'aurons jamais assez de lumières individuelles. Voilà pourquoi je viens vous proposer d'associer nos efforts, de mettre en commun notre expérience pour aider à la création d'une pédagogie basée sur les faits.

Vous n'ignorez pas, Mesdames, que la science de l'éducation, si difficile à coordonner, si importante à bien appliquer est encore à l'état presque rudimentaire. On a écrit des millions de volumes sur certaines parties de la science générale, relatives au bien-être matériel de l'homme, et sur l'éducation, premier agent de son bonheur, c'est-à-dire de son perfectionnement. — A peine si l'on compte quelques douzaines d'ouvrages, dont les auteurs, plus ou moins imbus de préjugés, ont basé leurs systèmes, non sur les faits naturels, mais sur un idéal de perfection, en dehors de la nature. — Les ouvrages d'éducation basés sur la science manquent presqu'absolument. Aucun des systèmes, formulés jusqu'à ce jour, n'est complet et, tous ont le tort de ne pouvoir s'adapter qu'à la position d'un petit nombre, ou à un ordre social qui n'existe pas.

Il faut revenir à la nature, au possible. Il faut que les mères et les éducateurs s'entendent pour faire un code d'éducation : les unes signaleront les faits observés chaque jour ; les autres tireront de ces faits des formules générales d'application.

Les hommes ont formé des associations pour mettre en valeur les richesses de la terre ; associons-nous pour mettre en valeur toutes les richesses de la nature intellectuelle. Ces richesses, nous les porterons à leur dernière puissance en les cultivant dans l'esprit et dans le cœur de nos enfants. C'est à la recherche des instruments de cette culture que doivent tendre tous nos efforts combinés.

Si ma proposition vous semble bonne adhérez-y, dans l'intérêt de la science éducative, encore à créer, écrivez-moi tout ce qui vous aurait frappées, soit comme effet subversif des moyens que vous auriez employés, soit comme résultat bon à classer, selon le caractère de l'enfant auquel ils auraient été appliqués.

Mais avant d'aller plus loin, entendons-nous bien sur l'objet qui nous occupe et disons d'abord ce que nous comprenons par éducation.

II

Appliquée à l'homme, l'éducation est la culture de toutes les facultés de l'être ; son but : le bonheur de l'individu ressortant de l'intérêt de chacun ; ses résultats : le développement complet de nos forces physiques, de nos forces intellectuelles et de nos forces morales.

Le système qui peut nous donner ces résultats doit porter le caractère d'une science positive ; être à la fois d'une application générale et d'un emploi particulier ; convenir à tous les tempéraments ; être *un* comme la nature, et, comme elle, infini dans ses modifications.

Ce système, qui ferait éclore toutes les vocations, donnerait exercice et satisfaction à tous les bons penchants, existe-t-il ? — Il existe à l'état d'éléments.

L'observation de la nature en a révélé une partie à Rousseau, et Rousseau a reconnu à l'enfant le droit d'être libre, dans la mesure de son intérêt et dans la limite du droit d'autrui. Frœbel a trouvé l'équilibre entre la gymnastique des organes physiques et celle des organes intellectuels. Pestalozzi a fondé la pédagogie didactique. Fourier, dans une merveilleuse synthèse, a rassemblé les éléments d'ordre préexistant dans l'apparent désordre de la nature humaine. De ces éléments, il a créé la série des caractères, mis chaque série à sa place sur le grand clavier, dont la mise en jeu doit produire des effets d'une complète harmonie morale.

Oui, le système est trouvé qui remplace la compression par la liberté ; la punition qui avilit par la responsabilité individuelle ; le travail forcé par le travail attractif ; la science des mots par la science des choses.

Le système est trouvé, mais le malheur est que chacun n'ait pas cinquante mille francs de rente pour élever ses enfants selon la méthode de Jean-Jacques ; que les corporations, que les gouvernements ne puissent s'entendre pour organiser dans les phalanges du travail « la série qui distribue les harmonies. »

En face d'un état de choses que les femmes n'ont pas créé mais qu'elles subissent, comme mères, quel est leur devoir ? — Impuissantes à provoquer une organisation sociale meilleure ou à changer leur fortune personnelle, les mères ont une haute mission à remplir, c'est celle de former au bien dans la donnée du *beau*, du *juste* et surtout du *possible*, les membres de ce grand corps : l'humanité.

Faisons d'abord de l'amélioration individuelle et, pour le reste, rapportons-nousen à la force inévitable des choses. Leibnitz a dit avec raison : « On reformerait le genre humain, si l'on réformait l'éducation de la jeunesse. »

(*La suite au n*° 3.)

EDGAR QUINET

Au commencement de notre siècle, dans la ville de Bourg, département de l'Ain, naquit le 17 février 1803 un petit garçon qu'on appela Edgar : Edgar Quinet.

Ce petit garçon, qui devait être un homme illustre, fut emporté à la campagne, à Certexes, près de Bourg, où sa mère l'éleva.

Un jour, il n'avait alors que trois ans, il s'amusait à pétrir de la cendre, sur la fenêtre de la salle à manger de sa maison. Sa maman lui avait prêté un vieux dé et, avec ça, il faisait les plus jolis gâteaux du monde. Il les alignait les uns près des autres et les gâteaux se tenaient droits, comme une rangée de soldats de plomb.

— Prends garde, Edgar, dit la maman en entendant le vent souffler. Tu ferais bien de pousser la fenêtre et de venir près de moi, continuer ta pâtisserie sur la petite table.

EDGAR.

— Pourquoi maman ?

LA MAMAN.

— Parce que le vent t'enverra de la cendre dans les yeux.

EDGAR.

— Je ne crois pas, maman.

LA MAMAN.

— C'est ton affaire : je t'ai averti.

EDGAR.

— Si je touchais à mes gâteaux, ils se déferaient. Ce serait bien dommage : ils sont si jolis ! Regarde.

LA MAMAN.

— Comme tu voudras, les petits enfants peuvent souvent faire ce qu'ils veulent ; mais s'il leur arrive des choses fâcheuses, tant pis pour eux.

Edgar se remit à l'ouvrage et les gâteaux augmentaient à vue d'œil. Il y en avait un bataillon. Tout-à-coup le vent, qui devenait de plus en plus fort, renverse la boite où le petit pâtissier puisait sa farine. Hou, ou, ou ! Voilà mes beaux yeux pleins de cendre !

Edgar poussa un grand cri. Les grains de cendre le piquaient comme des aiguilles. Aveuglé, il allait sans savoir où, un bras étendu, l'autre sur ses yeux, se cognant aux meubles.

La maman accourut.

— J'ai les yeux crevés ! lui dit-il, en tâtonnant pour la trouver.

— Nous allons voir, répondit madame Quinet, en le prenant sur ses genoux.

Elle souleva doucement les paupières du pauvre petit et commença à les nettoyer. Lui, la laissait faire. Il ne criait plus. Pourtant ça lui faisait bien mal, mais il était si courageux, et puis, il avait tant de confiance en sa mère ! il lui dit : « Si mes yeux sont crevés, tu sauras bien m'en faire d'autres. »

— Non, répondit la maman, tout attendrie, je ne pourrais pas t'en faire d'autres, mais tu n'en auras pas besoin. Tes yeux ne sont pas crevés, heureusement, car les yeux des enfants ne se raccommodent pas comme une manche percée au coude, on ne les remplace pas comme des yeux de poupée.

Après en avoir retiré soigneusement toute la cendre, madame Quinet banda les yeux d'Edgar avec un linge mouillé ; déshabilla, coucha le pauvre petit, puis elle prit son tricot et s'assit à côté de lui. Elle lui raconta une belle histoire, pour lui faire oublier son mal. Il s'endormit et, le lendemain, il n'y paraissait plus.

Mais Edgar qui était un petit garçon extrêmement intelligent, pour son âge, n'oublia pas l'accident des cendres. En y pensant il se disait que les grandes personnes, les mamans, surtout, sont bien plus prévoyantes que les enfants, qui ne le sont guère. Il se disait encore qu'en les écoutant, on éviterait bien des ennuis, bien des malheurs et, il se promettait, non-seulement d'exécuter toujours les ordres de sa mère, (elle en donnait très-peu des ordres) mais de suivre, en tous points, ses conseils.

Ce brave petit garçon tint si bien la résolution qu'il avait prise, qu'à cinq ans, sa mère osait se fier à lui comme à un homme. Il faut dire que cette maman là, n'était pas une maman faible, peureuse de tout. Elle voulait que son petit apprît, autant que possible, à se passer des autres, et même à leur rendre tous les services qu'il pourrait. Il s'habillait seul et se levait de grand matin. Dans la belle saison, il partait, tantôt avec les faucheurs, tantôt avec les moissonneurs. Il fallait le voir, les cheveux au vent, rouge comme une fraise, dépassant à peine l'herbe en fleur, ou portant à la grande meule, la belle gerbe dorée qu'il avait coupée lui-même avec sa petite faucille.

Quand le soleil commençait à être trop chaud, Edgar revenait à la maison. Alors sa maman l'instruisait. Elle le faisait parler *latin* et lui apprenait des morceaux de poésie, qu'il récitait ensuite, si bien que c'était un charme de l'entendre. Madame Quinet voulait que son petit Edgar fût à la fois courageux et prudent. Pour y parvenir, elle l'accoutumait à faire des choses même dangereuses, autant pour lui apprendre à mépriser le danger qu'à lui faire avoir la prudence nécessaire pour y échapper. Par exemple, elle le laissait aller, tout seul, dans un petit bateau, sur une rivière étroite et profonde où il aurait pu se noyer, si la barque avait chaviré. Edgar le savait et il faisait en sorte de bien conduire son batelet et il ne lui arriva jamais rien.

Un jour, c'était à Bourg, pendant l'hiver. Madame Quinet dit à Edgar : « voilà deux pistolets, prends bien garde, ils sont chargés. Va les porter au vieux Monsieur du cinquième, qui les déchargera. »

Edgar, qui ne ressemblait pas à des petits garçons de ma connaissance, auxquels on n'oserait pas confier un couteau de deux sous, prit les pistolets dans ses petites mains, sortit avec précaution, monta au cinquième, en faisant bien attention de ne pas tomber, s'acquitta de sa commission et revint vers sa maman qui, sans rien dire, l'embrassa toute glorieuse, dans son cœur, d'être la mère d'un tel garçon.

Edgar savait déjà lire, car il était aussi appliqué que prudent et brave. Il parlait le latin comme le français. Il aimait les livres comme d'autres aiment les joujoux. Seul dans un petit coin, il passait des heures et des heures à lire. A cinq ans, il commençait même à pouvoir un peu écrire, mais pas très-bien, en gros seulement. Voilà que sa maman fut obligée de faire un petit voyage et de le laisser à la maison. Ce fut pour lui un vif chagrin de se trouver seul.

Quand sa maman était là, il était si joyeux! Maintenant Edgar était triste et au lieu du bon petit rire argentin, qui lui sortait des lèvres, à chaque instant du jour, on entendait de gros soupirs. Quelquefois même, il se cachait pour pleurer.

Si au moins il avait su bien écrire, il aurait fait tout de suite, une belle lettre toute pleine de tendresse à sa maman. Mais il écrivait encore si mal qu'il n'osait pas. Et puis, il ne savait pas l'orthographe.

Pourtant, il songeait sérieusement à faire cette lettre. Il savait bien que sa chère maman ne se moquerait pas de lui. Mais les autres? sa sœur? les domestiques? Que diraient-ils en lui voyant la prétention de faire une lettre, une vraie lettre qu'on met à la poste et qui s'en va bien loin, qui arrive dans un pays qu'on ne connaît pas?

Edgar n'osa pas même demander une plume pour essayer. Il se cacha dans l'écurie et, avec une allumette trempée dans une petite bouteille d'encre, qu'il avait cachée dans la poche de sa veste, une feuille de papier arrachée à son cahier, il écrivit, d'une grosse écriture qui n'était pas mal du tout, et qu'on lisait parfaitement bien.

« Ma chère maman,

« Je suis triste parce que je ne te vois
« plus. Tous les hiers, j'ai pleuré et tous
« les demains, je pleurerai encore tant que
« tu ne seras pas là. Reviens, maman, re-
« viens vite, autrement, je serai malade
« et si tu tardais longtemps, je serais peut-
« être mort quand tu reviendrais.

« Adieu, maman, fais-moi au moins
« savoir comment tu te portes et si tu se-
« ras encore longtemps partie.

« Ton petit qui t'aime bien.

« EDGAR. »

Il plia sa feuille, y inscrivit l'adresse, tant bien que mal et, en allant à l'école, il mit la lettre à la poste.

Qui fut étonnée? et touchée? et charmée? Ce fut la maman. En voyant comme, loin d'elle, Edgar était malheureux, elle se promit bien de ne jamais voyager sans lui. Aussi, il fallait voir, au retour, si elle l'embrassait. Et lui donc! Il riait et pleurait à la fois.

Le papa d'Edgar était commissaire de guerre. Il demeurait tantôt ici, tantôt là, partout où était l'armée, c'était le temps où le 1er des Bonapartes gouvernait notre pays et lui prenait tous ses pauvres jeunes hommes pour les faire battre contre les soldats des autres nations. Tant et tant avaient déjà été égorgés que, dans je ne sais combien de jours, vous ne pourriez pas les compter.

Quelquefois madame Quinet ne recevait pas de nouvelles de son mari. Elle était alors bien inquiète et bien triste. Le petit Edgar la consolait, cherchait à la distraire, en lui faisant des questions sur une foule de choses intéressantes. Pour lui répondre, la maman oubliait un peu son chagrin. Et le temps passait.

Un jour M. Quinet écrivit à sa femme de venir le rejoindre à Cologne. Naturellement, Edgar fut du voyage.

On partit par le plus beau temps dans une grosse berline. Edgar était enchanté : jamais il n'avait vu tant de choses, jamais il n'avait été si loin et la terre, dont il n'en trevoyait pourtant qu'un petit morceau, la terre lui paraissait grande, grande à n'en plus finir.

On passa par une foule de belles villes où Edgar s'aperçut que les habitants parlaient une langue qu'il ne comprenait pas. Et cela lui fit un peu de peine car, dans les auberges, où l'on s'arrêtait pour dîner, il aurait été content de converser un peu, avec les petits enfants de ces étrangers.

Un jour, il réfléchissait à cette chose quand sa mère lui demanda : à quoi penses-tu ?

— Je pense que je voudrais être empereur.

— Empereur ? Tu n'es pas dégoûté. Et pourquoi voudrais-tu être empereur ?

— Pour ordonner à tous les hommes de parler la même langue.

— Et quelle langue ? le français, sans doute ?

— Je ne sais pas, n'importe quelle langue ; on choisirait la plus belle, et tout le monde parlerait celle-là. On pourrait prendre le latin.

— Ce n'est pas une mauvaise idée. C'est dommage que tu ne sois pas empereur.

On n'était plus qu'à quelques lieues de Cologne. Le temps s'était gâté. De gros nuages noirs cachaient partout le bleu du ciel. Il faisait presque nuit. De larges gouttes de pluie commençaient à tomber. Tout à coup, il se mit à pleuvoir à verse. En un instant la route fut pleine d'eau et la terre était si détrempée, que les roues de la voiture s'y enfonçaient comme dans du beurre. Les chevaux tiraient tant qu'ils pouvaient, les pauvres bêtes. Mais ni eux ni le cocher ne voyaient où l'on allait. L'eau et l'obscurité les aveuglaient.

— Je n'ai pas peur, disait Edgar.

Pauvre petit homme, il voulait rassurer sa mère : Je n'ai pas peur du tout.

Patatra ! Clouc ! Voilà la voiture qui verse. Heureusement, il n'y avait pas moyen de se faire beaucoup de mal, dans cette affreuse boue. Mais il fallait voir à quoi ressemblaient les voyageurs, quand ils se relevèrent. Edgar, tout gris de fange, les habits collés au corps, avait l'air d'un petit rat d'eau. La maman n'était pas moins drôle.

Il fallut laisser là le cocher, les chevaux et la voiture toute disloquée. Et, sous une pluie battante, partir à pieds pour Cologne. Edgar s'était fait mal un peu partout, mais, de peur d'augmenter les embarras et les craintes de sa mère, il se garda bien d'en rien dire. Au contraire, courageux comme un petit lion, il allait devant, non-seulement sans pleurnicher, comme n'auraient pas manqué de le faire beaucoup d'enfants en pareil cas, il allait devant, disant toutes sortes de plaisanteries pour amuser sa maman et lui faire croire qu'il n'était pas fatigué. C'est ainsi que tous deux crottés comme des barbets, trempés comme des canards, arrivèrent à Cologne, où les attendait M. Quinet.

Il était temps. Les forces commençaient à manquer au pauvre petit. On le déshabilla, on l'épongea, on le sécha et il alla se coucher, dans un bon lit, où il dormit comme un loir. Quand il s'éveilla, le lendemain, bien tard dans la matinée, tout le corps lui faisait mal ; seulement alors, on s'aperçut que ses petits poignets étaient tout enflés. Et il ne s'était pas plaint une fois !... Quand il fut guéri, son papa le mena voir le Rhin et la cathédrale de Cologne, dont la façade est comme une dentelle de pierre.

Toutes les semaines Edgar recevait un sou pour s'acheter ce qui lui faisait plaisir et que, naturellement, on peut avoir pour un sou.

Un dimanche matin, il avait suivi sa mère au marché. Tous les deux regardaient les étalages, la maman pour faire ses provisions, le petit pour dépenser son sou. Edgar aurait bien voulu avoir une belle image, toute bariolée, qui représentait la bataille d'Austerlitz, mais il y avait aussi là des gâteaux qui semblaient si bons, des sucres d'orge transparents et dorés, des rondelles de chocolat qui vous faisaient venir l'eau à la bouche. C'était bien embarrassant. Enfin, il se décide pour un bâton de sucre d'orge. Déjà il y portait la main, quand un petit garçon tout pâle, tout déguenillé, vint à passer. Il s'arrêta et, lui aussi, regardait les bonnes choses et ses yeux disaient, qu'il en aurait bien mangé une et même trois ou quatre.

— Pauvre amour! dit la maman, comme il est triste ! Il a faim !... Veux-tu lui donner ton sou ?

— Oh ! oui ! oui ! répondit Edgar en ouvrant la main où était le sou.

— Fais attention, ajouta la maman, tu n'en auras pas d'autre jusqu'à dimanche.

Edgar sans rien répondre tendit le sou au petit pauvre qui le reçut, tout joyeux, et courut s'acheter un pain de seigle.

Depuis ce jour, Edgar trouva plus de plaisir à donner son sou qu'à le dépenser. Il se disait qu'il n'est pas juste que les uns aient des bonbons quand les autres n'ont pas de pain. Et jamais, au grand jamais, il ne s'acheta plus de bonbons.

Edgar était la joie et l'orgueil de sa

mère. Il apprenait tout ce qu'un enfant de son âge peut apprendre. On lui enseigna la musique et le premier morceau qu'il voulut jouer sur son violon fut la Marseillaise. Oh ! c'était un petit patriote celui-là. Il aimait son pays plus que lui-même. Plus tard, mes petits lecteurs, quand je vous raconterai la vie d'homme d'Edgar, vous verrez ce qu'il a fait pour la patrie. Je n'en finirais pas, si je voulais dire tous les beaux traits de son enfance. Et il faut pourtant que je vous en cite encore un.

Edgar était à la campagne. Un de ses petits camarades, nommé Charles, jouait du violon. Madame Quinet demanda à son fils de jouer le même morceau que son ami. Edgar refuse, sa mère insiste, ordonne, menace. Rien n'y fait. Il ne veut pas jouer, il ne jouera pas.

Quand Charles fut parti et qu'Edgar

se trouva seul avec sa mère, elle recommença à le gronder.

— Mais enfin, lui dit-elle, explique moi pourquoi toi, si bon, si obéissant d'ordinaire, tu as été ce soir si obstiné ? Ne sais-tu pas le morceau que je te demandais ?

Il répondit avec douceur : « oui, je sais ce morceau, mais je ne pouvais pas le jouer après Charles qui l'avait si mal joué. Ses parents auraient trouvé que je joue mieux que lui et il ne faut pas cela. »

Edgar alla étudier à Lyon et comme il avait été le modèle des enfants, il devint le modèle des hommes. Après de grands malheurs qu'il endura, pour la patrie, sans jamais se plaindre il est mort en mil huit cent soixante-quinze, le 17 février, à Versailles, à l'âge de soixante-douze ans, plein de gloire, regretté de toute la France qu'il avait honorée par ses vertus et par son esprit.

Quand vous serez grands, vous lirez les beaux livres qu'il a écrits. Vous y trouverez les traces de sa grande âme et des aimables qualités de son enfance.

EDGAR QUINET

3

ALFRED DE MUSSET

— Viens, mon chéri, viens apprendre à lire, disait un jour madame Patay de Musset, à son petit Alfred.

Alfred vint en faisant la grimace. Sa maman, une jolie maman, patiente et bonne, le mit sur ses genoux. Elle prit dans ses cheveux une grande épingle, à tête rouge et, avec cette épingle commença à lui montrer les lettres dans un bel alphabet neuf.

Mais Alfred était un petit garçon très-obstiné il aimait à faire ses quatre volontés et — ce qui est plus vilain — à les faire faire à tout le monde. Quand sa maman l'avait appelé, il faisait des bulles de savon qui s'en allaient par la fenêtre de la chambre dans la rue des Noyers, une vieille rue dont on voit encore quelques maisons, sur le boulevard Saint-Germain. Ça l'ennuyait d'avoir été dérangé. Au lieu de regarder les lettres que sa maman lui montrait, il regardait voler les mouches. Quand par hasard, il abaissait ses grands yeux bleus du côté du livre, c'était pour voir les images.

LA MAMAN.

— Allons, mon mignon, sois attentif, recommençons. Vois-tu cette lettre, la première? Remarque comme elle est faite.

ALFRED DE MUSSET.

— Je la vois bien. Elle est à côté de l'âne. L'âne est bien gentil. J'aime les ânes, moi. Tu m'achèteras un âne, n'est-ce pas, maman ?

LA MAMAN.

— Oui, si tu apprends bien à lire, je t'achèterai un grand âne de bois qui...

ALFRED DE MUSSET.

— Non ! non, je ne veux pas un âne de bois, je veux un âne en vie, un âne qui fait hi han ! hi han !

LA MAMAN.

— Bien ! bien ! Apprends seulement à lire et nous verrons.

ALFRED DE MUSSET.

— Je ne veux pas apprendre à lire, moi.

LA MAMAN.

— Et pourquoi ?

ALFRED DE MUSSET.

— Parce que.

LA MAMAN.

— Voilà une belle raison. Sais-tu, Alfred, que c'est bien vilain d'être entêté et de répondre comme ça à sa petite maman. Que dirait ton papa, s'il le savait?...

ALFRED DE MUSSET.

— Il ne le saura pas. Tu es trop bonne, tu ne le lui diras jamais.

LA MAMAN.

— Tu crois ? Hé bien ! non, si tu ne me dis pourquoi tu ne veux pas apprendre à lire.

ALFRED DE MUSSET.

— D'abord, c'est parce qu'on est puni, quand on sait lire.

LA MAMAN, (étonnée.)

Comment ?

ALFRED DE MUSSET.

— Oui, depuis que Paul sait lire, il est toujours puni, il faut qu'il apprenne un tas de choses ennuyeuses, et s'il ne les apprend pas, on le met en pénitence. Et puis, c'est difficile de lire.

LA MAMAN.

— Non, mon chéri, ce n'est pas difficile. Essaye un peu, dis seulement *a* en regardant cette lettre.

ALFRED DE MUSSET.

— Non, c'est trop difficile.

LA MAMAN.

— Comment ! c'est difficile de dire *a* ? Alfred, mon mignon, je t'en prie ne fais pas le mutin. Dis seulement *a* et je serai contente.

ALFRED DE MUSSET.

— Ho ! maman, c'est surtout *a*, que je ne peux pas dire.

LA MAMAN.

— Pourquoi ? Pourquoi, méchant lutin ?

ALFRED DE MUSSET.

— C'est parce qu'après *a*, il faudrait dire *b*.

La maman découragée posa le livre sur la table à ouvrage et le petit garçon sur le tapis. Elle réfléchit qu'elle ne gagnerait peut-être rien à tourmenter Alfred. Il n'avait pas encore quatre ans, quoiqu'il en parût davantage. Il était presqu'aussi grand que son frère Paul qui était plus âgé que lui.

Alfred n'était pas méchant. Il n'était que têtu. Il avait du chagrin d'avoir affligé sa maman. Quand Paul revint de l'école, il trouva son petit frère, tout triste, assis dans un coin, au milieu de ses joujoux qu'il ne regardait pas.

PAUL DE MUSSET.

— Qu'as-tu, Alfred? Es-tu malade?

ALFRED DE MUSSET.

— Non, je ne suis pas malade, je n'ai rien.

PAUL DE MUSSET.

— Si, tu as quelque chose.

ALFRED DE MUSSET.

— Non, seulement, je ne veux pas apprendre à lire, je veux un âne.

PAUL DE MUSSET.

— Un âne? Pourquoi faire?

ALFRED DE MUSSET.

— Pour monter dessus, quand j'irai voir ma tante Denoux, à Bagneux; pour le faire courir dans le parc, comme ça: patati, patata! patati, patata!

Et Alfred galopait dans la chambre. Il revint auprès de Paul qui lui dit:

— Mais c'est très-amusant de savoir lire. Vois donc. Il ouvrit son livre de lecture et commença d'une voix claire:

« Bonjour Charles. Venez vous asseoir
« sur cette petite chaise qui est à mes pieds
« je vais prendre une grande épingle pour
« vous montrer vos lettres. Bon, nous y
« voilà, savez-vous, Charles, que c'est bien
« amusant de savoir lire. »

— Ça ne m'amuse pas, dit le petit entêté qui avançait le cou pour voir les images du livre. Et d'ailleurs puisque tu sais, toi, je n'ai pas besoin d'apprendre. Tu liras pour moi.

Paul allait répondre, mais on appela les enfants pour les habiller et les mener ensuite à la promenade du côté de la place du Carrousel, où l'empereur Napoléon Ier passait la revue à ses soldats. Sa femme, l'impératrice Marie Louise, qu'il venait d'épouser, depuis quelques jours, devait y être et Paul qui aimait beaucoup l'empereur, sans savoir pourquoi, était impatient de partir.

Madame de Musset peignait les longs cheveux blonds d'Alfred quand Mlle Nanine, la tante des deux petits Musset, entra dans la chambre. Elle apportait dans son tablier quelque chose qu'elle mit sur la table. C'était plié dans un beau papier blanc.

— Qu'est-ce que c'est ? Qu'est-ce que c'est? demandèrent les petits garçons.

La tante Nanine ouvrit lentement le paquet et en sortit une jolie paire de souliers rouges.

— Voilà, dit-elle, c'est pour un petit garçon qui veut apprendre à lire.

— Ce n'est pas pour moi, fit Alfred avec un gros soupir.

— C'est pour toi, dit la maman qui savait qu'Alfred était bon et se repentait vite de ses fautes, surtout si on les lui faisait sentir, sans les lui reprocher. C'est pour toi.

Alfred se jeta au cou de sa maman en lui disant : — non, non, tu es trop bonne, moi je suis un méchant. Va je suis bien fâché de n'avoir pas dit les lettres. Mais demain je les saurai toutes, tu verras : *a*, *b*, *c*, *d*, *e*, *f*, *g*.

— Voilà qui est pour le mieux, dit la maman et elle se remit à peigner le petit garçon qui ne tenait plus en place. Il était si impatient, quand il voulait quelque chose que déjà, il oubliait ses bonnes résolutions d'être sage. « Dépêche-toi, » fit-il, en frappant du pied, « dépêche-toi donc, maman, mes souliers neufs seront vieux. » La tante et la maman éclatèrent de rire, et madame de Musset disait en elle-même : a-t-il de l'esprit ce petit diable ! A-t-il de l'esprit !

Le lendemain, Alfred courut dans la chambre de sa maman aussitôt qu'il fut levé et, en moins d'une heure, il apprit toutes les lettres de l'alphabet. Quand la leçon fut finie, il se promena tout glorieux dans la chambre les mains écartées, dans les poches de sa petite culotte, et il disait :
— *Je sais lire.*

— Mais non tu ne sais pas lire, nigaud, lui fit observer sa tante, tu connais seulement les lettres. Maintenant, il faut apprendre à les assembler.

— Eh bien ! apprends-moi, dit Alfred.

LA TANTE.

— Apporte ton livre. Bien, maintenant commençons. Elle lui fit dire ba-ba ; be-be ; bi-bi ; bo-bo ; bu-bu.

— Ça m'ennuie, fit Alfred, au bout d'un petit moment, je ne veux plus rien apprendre.

Depuis ce jour, il ne voulut plus entendre parler de lire.

Alfred était déjà un peu bizarre. Il avait peur dans l'obscurité. Il avait peur de tout, surtout d'une grosse poutre qui partageait en deux la voûte de la vieille salle à manger. Aussitôt que la nuit venait, il voulait qu'on allumât la bougie. Puis, quand la lumière était là, il levait la tête et, tout effaré, regardait la grosse poutre qui élargissait son ombre sur le plafond.

Mademoiselle Nanine avait une belle

chatte qu'Alfred aimait beaucoup. Il s'amusait souvent avec elle et Mignonne, — c'était le nom de la chatte — Mignonne se montrait toujours bonne personne avec le petit garçon. Mais voilà que la chatte eut des petits chats et qu'il ne faisait plus bon de la déranger pour n'importe quoi. Songez donc, une maman ! Elle avait bien autre chose à faire que de jouer. Alfred avait beau faire courir devant Mignonne des boules de papier, pendues à un fil, elle ne se dérangeait pas.

Alfred était tout-à-fait offensé des manières froides de la chatte. Il lui chercha querelle. Mignonne se fâcha et griffa le bambin qui la venait troubler pendant qu'elle allaitait ses chers mignons :

Pour se venger, Alfred s'empara de l'un des petits chats et commença à le caresser à rebrousse poil et à le tirer par la tête. Le pauvre chaton n'était pas content du tout : il appelait sa mère dans son langage de chat, c'est-à-dire, en miaulant de toutes ses forces. Mignonne soufflait d'une façon terrible, elle faisait le gros dos et allait sans doute se jeter sur le petit garçon quand la tante entra.

— Ne t'avais-je pas défendu, demanda Mlle Nanine à Alfred, ne t'avais-je pas défendu de toucher à mes chats ?

ALFRED.

— Oui ! Mais leur maman m'a griffé.

Mlle NANINE.

— Pourquoi t-a-t-elle griffé ?

ALFRED.

— Je voulais un peu m'amuser avec elle; elle a juré contre moi. Je l'ai seulement caressée, elle m'a égratigné. Vois, mon doigt saigne.

Mlle NANINE

— Tant pis pour toi. Tu es un désobéissant. Je t'avais averti qu'il ne faut pas tourmenter les chattes, quand elles ont des petits et maintenant, laisse aller celui-là, sans quoi la mère va t'arracher les yeux.

ALFRED

— Tu es injuste, tu soutiens la chatte qui m'a égratigné.

Mlle NANINE.

— Bien ! bien, ce n'est pas une raison pour faire du mal à cette innocente petite bête. Lâche-la tout de suite, ou je te punirai.

Alfred tout en colère jeta le petit minet à Mlle Nanine en lui disant : « Tiens, le voilà ton chat, il t'égratignera, il déchirera ta robe, la *poutre* te tombera sur la tête et moi j'irai dîner à Bayeux. »

La tante ne pouvait s'empêcher de rire

de voir la mine furibonde d'Alfred. Elle remit le petit chat à la pauvre Mignonne et dit à son neveu : — je vois maintenant que tu es un méchant enfant ; je ne t'aimerai plus, non, je ne t'aimerai plus.

— Tu crois cela ? Va, tu ne pourras pas t'en empêcher.

— C'est un peu fort. Allez, Monsieur, je m'en empêcherai fort bien.

Elle avait dit cela d'un ton si fâché, la bonne tante, qu'Alfred en était tout inquiet. Il la regardait attentivement. Mademoiselle Nanine était grave tant qu'elle pouvait ; mais elle était jeune et ne tenait jamais longtemps son sérieux. Un petit sourire lui vint aux lèvres.

« Je te vois, *que* tu m'aimes » s'écria Alfred en lui sautant au cou. Que pouvait faire la tante ? Elle pardonna, car le petit garçon promettait de ne plus désobéir jamais. Les tantes sont comme les mamans, elles croient toujours ces choses-là.

Paul savait déjà toutes sortes de belles choses ; il lisait, il écrivait comme un maître d'école et Alfred, le mutin, était toujours un véritable petit âne, pour l'entêtement et pour l'ignorance. Les deux Musset avaient une cousine qu'ils aimaient beaucoup, elle s'appelait Clélie. C'était déjà une grande demoiselle de quatorze ans. Elle aimait aussi extrêmement ses petits cousins. Mais Alfred était son préféré. C'est qu'il était tout de même très-aimable, quand il voulait et surtout pour ceux qui avaient son affection. Et puis, jamais ! au grand jamais ! il n'avait dit un mensonge. C'est bien quelque chose, n'est-ce pas ? Il était fier, emporté, obstiné comme une mule, mais bon comme le pain et franc comme l'or.

Donc, Clélie l'aimait beaucoup. Elle avait

pour lui mille complaisances et comme déjà, il adorait les histoires, elle lui en racontait qui n'en finissaient pas. C'est qu'elle en savait des choses intéressantes ! Elle revenait de Belgique où Napoléon Ier avait perdu la bataille de Waterloo. Une bataille affreuse, où tant de français avaient péri, qu'avec le sang de leurs blessures on aurait pu faire un lac. Était-ce assez horrible ?

Clélie avait vu revenir, couverts de boue, les habits déchirés, les blessés qui tombaient morts le long des routes. Elle avait aussi vu les Anglais, les Russes, les Autrichiens et les Prussiens venir avec leurs princes à Paris, où, maintenant, ils étaient les maîtres. C'était à fendre le cœur d'entendre Clélie dire tout ce qu'elle savait là-dessus et Alfred, qui était un petit patriote, Alfred, en l'écoutant, pleurait toutes les larmes de ses yeux.

Lorsque Clélie voyait Alfred si affligé, elle changeait un peu les choses et les histoires devenaient des contes, des contes charmants où tout finissait très-bien. Les bons y étaient récompensés par toutes sortes de choses merveilleuses et les méchants battus comme plâtre, ce qui faisait bien rire le petit garçon.

Quand le papa de Clélie la vint chercher pour la mener loin de Paris, à Liége où il allait pour arranger ses affaires, Alfred était si attaché à sa petite cousine, qu'il pensa mourir de douleur en la voyant partir.

Elle, de son côté, était bien triste. Elle ne pouvait se résoudre à quitter son petit cousin. Enfin, au moment de s'en aller, elle le prit dans ses bras et lui dit en pleurant : « Ne m'oublie pas. » « Moi t'oublier ! » s'écria Alfred, « ne sais-tu pas que ton nom est écrit dans mon cœur avec un canif! » — Il avait cinq ans. — Quand il aimait quelqu'un c'était de toute son âme. Plus tard, ce fut la même chose.

Pendant plus de quinze jours Alfred fut si triste qu'il ne faisait que pleurer. Sa tante, sa maman avaient beau faire, elles ne pouvaient le consoler. Mlle Nanine lui donna un de ses petits chats, son papa lui acheta de beaux joujoux, mais rien n'y faisait. Ce qui lui manquait ce n'était pas tout ça, c'était sa chère Clélie qui l'asseyait sur ses genoux et faisait des contes pour lui seul, des contes si jolis !

Enfin, un jour qu'il était seul dans sa chambre, tristement assis dans sa petite chaise, avec son chat sur les genoux, on frappa à la porte : pan ! pan ! pan ! Entrez, dit Alfred. C'était le facteur.

LE FACTEUR.

— Bonjour, mon petit homme. M. Alfred de Musset, s'il vous plaît ?

ALFRED.

— Alfred de Musset ? mais c'est moi.

LE FACTEUR.

— Vraiment ? Alors, voici pour vous une lettre de Belgique. C'est vingt-cinq sous pour le port.

Alfred courut à sa tire-lire et la brisa en mille morceaux. Il prit une pièce de quinze sous, une de dix et les donna au facteur qui le remercia et s'en alla.

Demeuré seul, Alfred décacheta la lettre. Il savait qu'elle venait de Clélie et il était rouge de plaisir. La lettre ouverte, ne voyant que du noir et du blanc, il se trouva si honteux, de n'y pouvoir rien comprendre, que les larmes lui en vinrent aux yeux. Il mit la lettre dans sa poche et alla trouver sa maman.

— Je veux, dit Alfred, que tu m'apprennes à lire, tout de suite, s'il te plaît ma chère maman.

LA MAMAN.

— Voilà qui est fort bien et je ne demande pas mieux. Va chercher ton livre.

ALFRED.

— Je veux seulement apprendre à lire de l'écriture, moi.

LA MAMAN.

— Quelle idée? On apprend d'abord à lire les imprimés.

ALFRED.

— Les imprimés, qu'est-ce que c'est?

LA MAMAN.

— Ce sont les livres ordinaires.

ALFRED.

— Je veux apprendre à lire dans une lettre, moi; dans la lettre de Clélie. Tiens, regarde, maman, dans celle-là. Et Alfred montrait à sa maman la belle petite enveloppe qu'il venait de recevoir.

Madame de Musset, enchantée des bonnes dispositions d'Alfred se prêta à sa fantaisie. Elle lui fit connaître les signes de l'écriture et lui apprit à épeler dans la lettre de sa cousine.

Bientôt il sut la lire, presque sans faute, cette lettre. Voici ce qu'elle disait :

Liége, le 30 octobre 1815.

« Mon cher petit Alfred.

« Je sais que tu es tout désolé de ne
» plus me voir, moi, je ne puis m'empê-
« cher de pleurer en pensant que je ne te
« vois plus. Il me semble toujours que tu
« vas venir me prendre par la main, pour
« me faire asseoir sur le sofa, à côté de
« toi et que tu vas me dire : Allons Clé-
« lie, allons : *alors... voilà que?...* Et je
« me souviens des histoires que je te ra-
« contais et des larmes que tu versais,
« quand je te parlais des pauvres soldats
« que j'ai vus, après Waterloo, revenant
« de la guerre tout couverts de poussière
« et de sang, pâles, assis ou couchés sur
« les chemins où les ennemis passaient
« devant eux. Et les contes qui te faisaient
« tant rire, t'en souviens-tu ? Le *Petit*

« *Griffounet*, la Chatte Blanche? Ha! j'au-
« rais bien voulu rester toujours avec toi,
« avec ton frère, avec la tante Nanine, avec
« ta bonne petite mère. Mais mon papa était
« tout seul. Il n'a plus que moi, au
« monde, pour l'aimer, tu comprends bien
« que je ne pouvais pas être plus long-
« temps à Paris. Le mieux aurait été que
« tu fusses mon petit frère, nous ne nous
« serions jamais quittés.

« Adieu, mon mignon, je crois bien
« que maintenant tu voudras apprendre
« à lire, à écrire pour que nous puissions
« correspondre ensemble. En attendant,
« dicte à Paul, ou à la tante Nanine, ce
« que tu veux me dire et je te répon-
« drai.

« Quand tu iras à Bayeux, tu embras-
« seras pour moi la tante Denoux et l'on-
« cle Desherbier quand il viendra chez ton
« papa. Adieu, je vous aime tous extrê-

« mement, mais toi, je t'aime par dessus
« tous les autres.

« Clélie »

Alfred voulut répondre lui-même à cette lettre. Il s'appliqua tant, tant! qu'au bout d'un mois il fut capable d'écrire :

« Ma chère Clélie.

« Tu ne crois pas que c'est moi. Hé
« bien c'est moi qui t'écris. Oui, j'ai ap-
« pris à lire pour lire ta lettre ; j'ai appris
« à écrire pour te répondre. Quand tu as
« été partie, j'ai été malade ; à présent je
« me porte bien, j'irai à l'école avec
« mon frère. L'Empereur est à Sainte-
« Hélène. Le sais-tu? C'est bien loin.
« Mais il reviendra tout de même. Paul
« l'a dit. Je voudrais que tu sois ma sœur,
« alors, tu ne t'en irais plus. Personne
« ne me dit des contes à présent. Mais il

« y en a dans les livres, et, j'en lis. Ils ne « sont pas si beaux que les tiens. Tu ne « sais pas, nous demeurons maintenant « chez la baronne Gobert. Le petit Go- « bert est triste, triste comme un hibou. « Sa maman veut qu'il joue avec nous. « Mais il ne veut jamais jouer.

« Adieu, ma Clélie, je t'aime de tout » mon cœur et je voudrais t'embrasser » bien, bien. »

« ALFRED »

Alfred alla à l'école avec Paul et comme il était extraordinairement intelligent, il fut bientôt le premier de sa classe. Il ne serait jamais parti de la maison sans savoir très-bien ses leçons et avoir fait tous ses devoirs. Son frère et lui étant tombés malades on leur prit un maître chez eux. Ce maître s'appelait M. Bouvrain. Il était très-bon et les petits le chérissaient.

Ce qui ne les empêchait pas de le faire enrager. Pour leur apprendre la géographie, il leur racontait des voyages ; pour l'histoire, il savait la rendre si intéressante que les écoliers ne se lassaient jamais de l'entendre. Seulement, ils aimaient un peu trop les contes. Ils en avaient toujours dans leurs poches et aussitôt que M. Bouvrain ne les voyait pas, ils se mettaient à lire les *Mille et une nuits*. Ils firent même un petit théâtre où ils jouaient Ali-Baba ou les Quarante Voleurs ; le Dormeur éveillé ; le Bossu, etc. Ils avaient la tête si pleine de toutes les folies qu'il y a dans les livres de contes, qu'ils avaient toujours des baguettes dans leurs manches et le soir, dans le salon de leur maman, ils faisaient semblant, avec ces baguettes magiques, de changer en bêtes toutes les personnes qui ne leur plaisaient pas. Léon Gobert, « le petit hibou » avait fini par se mêler à leurs jeux. C'était, maintenant, le plus enflammé des trois pour les belles comédies où il jouait de tout son cœur.

M. Bouvrain, ne pouvant plus les empêcher d'être toujours occupés de choses fantastiques, ce qui les détournait d'apprendre les choses sérieuses que les enfants doivent savoir, M. Bouvrain finit par quitter les petits Musset. Alors, leur papa les remit à l'école, je veux dire au collége car les deux frères étaient très-avancés pour leur âge. Ils firent toutes leurs études au collége Henri IV.

Alfred resta toujours un peu têtu ; quoiqu'il eut un excellent cœur. Il devint un si bon élève qu'au grand concours, il gagna le second prix. Il fut l'ami de Victor Foucher, le frère de la petite Adèle qui était alors mariée avec Victor Hugo[1].

[1] Voyez Victor Hugo, n° 1, de la bibliothèque des Petits.

Foucher mena Alfred chez son beau-frère où beaucoup d'hommes savants se réunissaient. Tous dirent que le jeune Musset serait un grand poète.

Alfred fit alors de belles chansons, des histoires extraordinaires, des comédies, des contes plus beaux que ceux de Clélie. Mais hélas ! il ne fut pas toujours sage. Il voulait souvent des choses impossibles et pour cela, n'était pas heureux. Il avait l'humeur bizarre. Il s'ennuyait. Pour se distraire, il dépensait tout l'argent qu'il avait, puis il s'enveloppait dans un grand manteau à plusieurs pélerines et se couchait sur le parquet en gémissant, se plaignant de la méchanceté des hommes et accusant tout le monde, au lieu de s'accuser lui-même et de se corriger. Il mourut en 1857. Il était né en 1810. Il n'avait que 47 ans. On l'enterra au Père Lachaise, où vous pourrez voir son tombeau.

Quand Alfred mourut, Paul fut inconsolable. Il aimait tant son frère! Lui-même est devenu un homme célèbre. Il a aussi écrit des choses très-intéressantes, entr'autres l'histoire d'Alfred.

Maintenant Paul, qui était bien âgé, vient de mourir aussi. Tous deux ont été des hommes célèbres ; mais Alfred est grand, grand parmi les plus grands. Malgré ses défauts, on se souviendra toujours de lui, et quand des hommes dont on parle beaucoup aujourd'hui, seront si profondément oubliés, qu'on ne saura plus même leur nom, Alfred de Musset sera encore comme tout vivant dans notre histoire.

FIN

ALFRED DE MUSSET

BIBLIOTHEQUE NATIONALE DE FRANCE
3 7502 00999026 0

www.ingramcontent.com/pod-product-compliance
Ingram Content Group UK Ltd.
Pitfield, Milton Keynes, MK11 3LW, UK
UKHW021219230726
13926UKWH00003B/1118